CD-ROM付／カラー版
中学・高校
イラストカット集
1200
イクタケ マコト

contents

イラスト一覧

Ⓐ 学校生活編

Ⓑ 学校行事編

Ⓒ 部活動編

Ⓓ 季節・アイコン編

Ⓔ 見出し・吹き出し・ポスター編

付録

イクタケマコト オリジナル
PC用壁紙データ

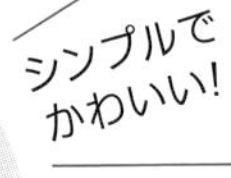

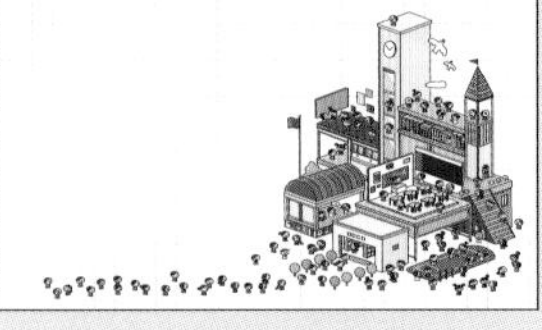

カット集の使い方

＊書籍では見本として、カラー版・モノクロ版いずれかのパターンで掲載していますが、CD-ROMにはすべてのイラストのカラー&モノクロデータを収録しています。
＊各編のとびらのイラストもCD-ROMに収録しています。冊子の表紙などにご活用ください。
＊「ポスター」は、文字入りのデータと、イラストのみのデータを収録しています。

学校生活編

A_01_01 A_01_02 A_01_03 A_01_04

A_01_05 A_01_06 A_01_07 A_01_08

A_01_09 A_01_10 A_01_11 A_01_12

A_01_13 A_01_14 A_01_15 A_01_16

A_01_17 A_01_18 A_01_19 A_01_20

 A_02_01	 A_02_02	 A_02_03	 A_02_04
 A_02_05	 A_02_06	 A_02_07	 A_02_08
 A_02_09	 A_02_10	 A_02_11	 A_02_12
 A_02_13	 A_02_14	 A_02_15	 A_02_16
 A_02_17	 A_02_18	 A_02_19	 A_02_20

 A_03_01	 A_03_02	 A_03_03	 A_03_04
 A_03_05	 A_03_06	 A_03_07	 A_03_08
 A_03_09	 A_03_10	 A_03_11	 A_03_12
 A_03_13	 A_03_14	 A_03_15	 A_03_16
 A_03_17	 A_03_18	 A_03_19	 A_03_20

A_04_01

A_04_02

A_04_03

A_04_04

A_04_05

A_04_06

A_04_07

A_04_08

A_04_09

A_04_10

A_04_11

A_04_12

A_04_13

A_04_14

A_04_15

A_04_16

A_04_17

A_04_18

A_04_19

A_04_20

A_05_01

A_05_02

A_05_03

A_05_04

A_05_05

A_05_06

A_05_07

A_05_08

A_05_09

A_05_10

A_05_11

A_05_12

A_05_13

A_05_14

A_05_15

A_05_16

A_05_17

A_05_18

A_05_19

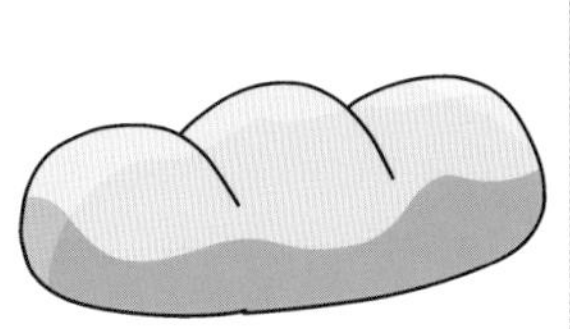
A_05_20

A_06_01 A_06_02 A_06_03 A_06_04
A_06_05 A_06_06 A_06_07 A_06_08
A_06_09 A_06_10 A_06_11 A_06_12
A_06_13 A_06_14 A_06_15 A_06_16
A_06_17 A_06_18 A_06_19 A_06_20

A_07_01
A_07_02
A_07_03
A_07_04
A_07_05
A_07_06
A_07_07
A_07_08
A_07_09
A_07_10
A_07_11
A_07_12
A_07_13
A_07_14
A_07_15
A_07_16
A_07_17
A_07_18
A_07_19
A_07_20

A_08_01
A_08_02
A_08_03
A_08_04
A_08_05
A_08_06
A_08_07
ブク
ブク
A_08_08
消毒
A_08_09
A_08_10
A_08_11
A_08_12
A_08_13
A_08_14
A_08_15
A_08_16
A_08_17
℃
A_08_18
A_08_19
A_08_20

A_09_01 A_09_02 A_09_03 A_09_04
A_09_05 A_09_06 A_09_07 A_09_08
A_09_09 A_09_10 A_09_11 A_09_12
A_09_13 A_09_14 A_09_15 A_09_16
A_09_17 A_09_18 A_09_19 A_09_20

A_10_01 A_10_02 A_10_03 A_10_04
A_10_05 A_10_06 A_10_07 A_10_08
A_10_09 A_10_10 A_10_11 A_10_12
A_10_13 A_10_14 A_10_15 A_10_16
A_10_17 A_10_18 A_10_19 A_10_20

A_11_01

A_11_02

A_11_03

A_11_04

A_11_05

A_11_06

A_11_07

A_11_08

A_11_09

A_11_10

A_11_11

A_11_12

A_11_13

A_11_14

A_11_15

A_11_16

A_11_17

A_11_18

A_11_19

A_11_20

A_11_21

A_11_22

A_11_23

A_11_24

A_12_01 A_12_02 A_12_03 A_12_04
A_12_05 A_12_06 A_12_07 A_12_08
A_12_09 A_12_10 A_12_11 A_12_12
A_12_13 A_12_14 A_12_15 A_12_16
A_12_17 A_12_18 A_12_19 A_12_20

A_12_21

A_12_22

A_12_23

A_12_24

A_12_25

A_12_26

A_12_27

A_12_28

A_12_29

A_12_30

A_12_31

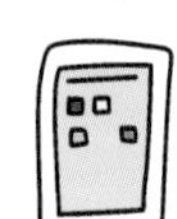
A_12_32

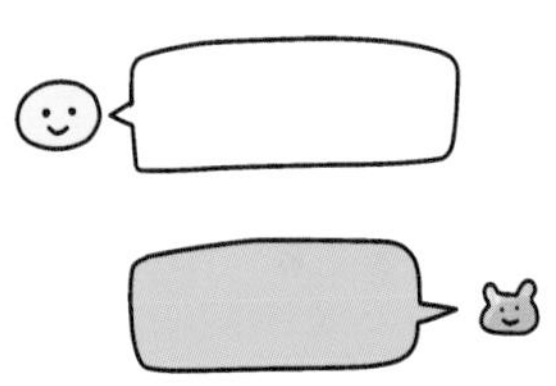
A_12_33

A_12_34

A_12_35

A_12_36

A_12_37

A_12_38

A_12_39

A_12_40

学校行事編

A_13_01

A_13_02

A_13_03

A_13_04

A_13_05

A_13_06

A_13_07

A_13_08

A_13_09

A_13_10

A_13_11

A_13_12

A_13_13

A_13_14

A_13_15

A_13_16

A_13_17

夏休み
A_13_18

A_13_19

A_13_20

A_14_01
A_14_02
A_14_03
A_14_04
A_14_05
A_14_06
A_14_07
A_14_08
A_14_09
A_14_10
A_14_11
A_14_12
A_14_13
A_14_14
A_14_15
A_14_16
A_14_17
A_14_18
A_14_19
A_14_20

A_15_01

A_15_02

A_15_03

A_15_04

A_15_05

A_15_06

A_15_07

A_15_08

A_15_09

A_15_10

A_15_11

A_15_12

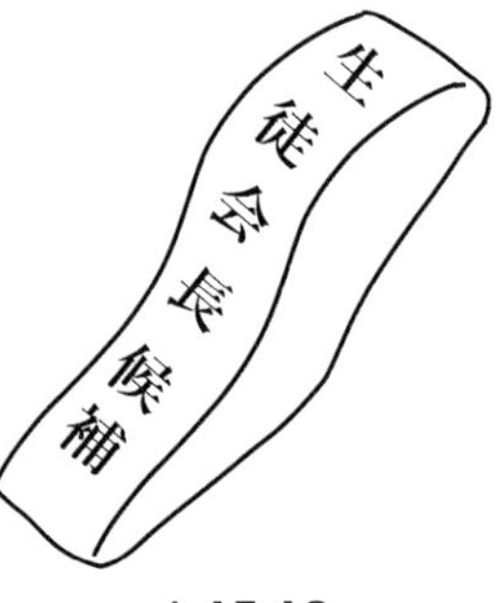

A_15_13

A_15_14

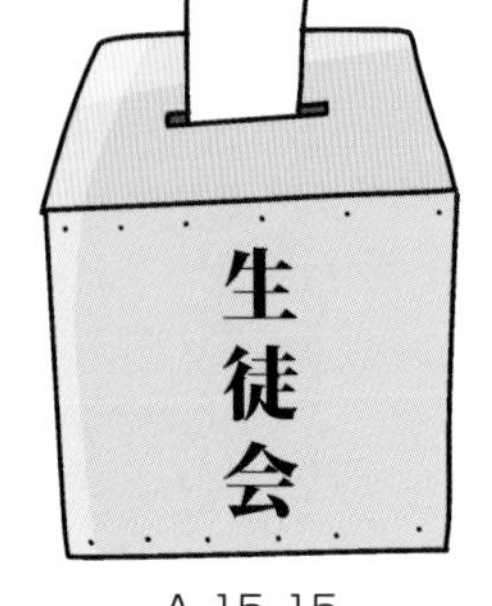

A_15_15

A_15_16

A_15_17

A_15_18

A_15_19

A_15_20

A_16_01

A_16_02

A_16_03

A_16_04

A_16_05

A_16_06

A_16_07

A_16_08

A_16_09

A_16_10

A_16_11

A_16_12

A_16_13

A_16_14

A_16_15

A_16_16

A_16_17

A_16_18

A_16_19

A_16_20

A_17_01 A_17_02 A_17_03 A_17_04

A_17_05 A_17_06 A_17_07 A_17_08

A_17_09 A_17_10 A_17_11 A_17_12

A_17_13 A_17_14 A_17_15 A_17_16

A_17_17 A_17_18 A_17_19 A_17_20

A_18_01

A_18_02

A_18_03

A_18_04

A_18_05

A_18_06

A_18_07

A_18_08

A_18_09

A_18_10

A_18_11

A_18_12

A_18_13

A_18_14

A_18_15

A_18_16

A_18_17

A_18_18

A_18_19

A_18_20

A_18_21

A_18_22

A_18_23

A_18_24

A_18_25

A_18_26

A_18_27

A_18_28

A_18_29

A_18_30

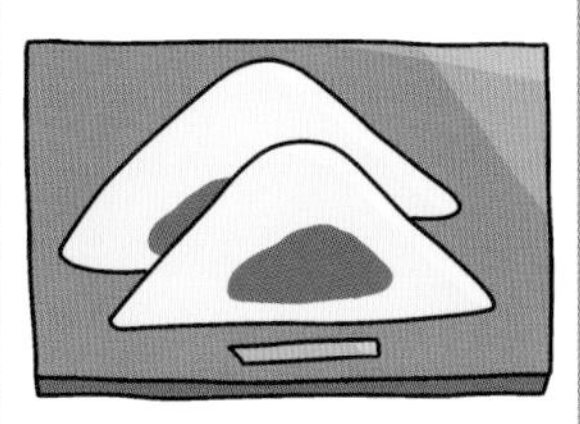
A_18_31

A_18_32

A_18_33

A_18_34

A_18_35

A_18_36

A_18_37

A_18_38

A_18_39

A_18_40

A_19_01
A_19_02
A_19_03
A_19_04
A_19_05
A_19_06
A_19_07
A_19_08
A_19_09
A_19_10
A_19_11
A_19_12
A_19_13
A_19_14
A_19_15
A_19_16
A_19_17
A_19_18
A_19_19
A_19_20

A_20_01

A_20_02

A_20_03

A_20_04

A_20_05

A_20_06

A_20_07

A_20_08

A_20_09

A_20_10

A_20_11

A_20_12

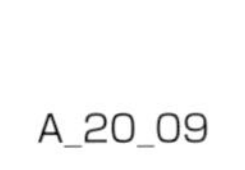

A_20_13

A_20_14

A_20_15

A_20_16

A_20_17

A_20_18

A_20_19

A_20_20

A_21_01
A_21_02
A_21_03
A_21_04
A_21_05
ありがとう
A_21_06
A_21_07
A_21_08
A_21_09
A_21_10
A_21_11
介助犬
A_21_12
A_21_13
A_21_14
安全
A_21_15
A_21_16
A_21_17
A_21_18
A_21_19
A_21_20

A_22_01

A_22_02

A_22_03

A_22_04

A_22_05

A_22_06

A_22_07

A_22_08

A_22_09

A_22_10

A_22_11

A_22_12

A_22_13

A_22_14

A_22_15

A_22_16

A_22_17

A_22_18

A_22_19

A_22_20

A_23_01

A_23_02

A_23_03

A_23_04

A_23_05

A_23_06

A_23_07

A_23_08

A_23_09

A_23_10

A_23_11

A_23_12

A_23_13

A_23_14

A_23_15

A_23_16

A_23_17

A_23_18

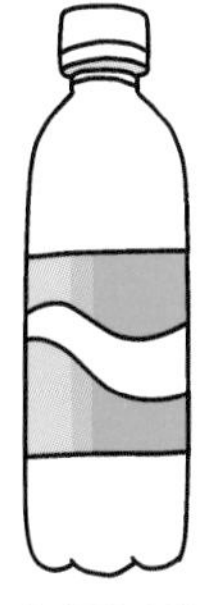

A_23_19

A_23_20

A_24_01 A_24_02 A_24_03 A_24_04
A_24_05 A_24_06 A_24_07 A_24_08
A_24_09 A_24_10 A_24_11 A_24_12
A_24_13 A_24_14 A_24_15 A_24_16
A_24_17 A_24_18 A_24_19 A_24_20
A_24_21 A_24_22 A_24_23 A_24_24

A_25_01

A_25_02

A_25_03

A_25_04

A_25_05

A_25_06

A_25_07

A_25_08

A_25_09

A_25_10

A_25_11

A_25_12

A_25_13

A_25_14

A_25_15

A_25_16

A_25_17

A_25_18

A_25_19

A_25_20

A_25_21

A_25_22

A_25_23

A_25_24

A_26_01

A_26_02

A_26_03

A_26_04

A_26_05

A_26_06

A_26_07

A_26_08

A_26_09

A_26_10

A_26_11

A_26_12

A_26_13

A_26_14

A_26_15

A_26_16

A_26_17

A_26_18

A_26_19

A_26_20

部活動編

A_27_01 A_27_02 A_27_03 A_27_04
A_27_05 A_27_06 A_27_07 A_27_08
A_27_09 A_27_10 A_27_11 A_27_12
A_27_13 A_27_14 A_27_15 A_27_16
A_27_17 A_27_18 A_27_19 A_27_20
A_27_21 A_27_22 A_27_23 A_27_24

A_28_01 A_28_02 A_28_03 A_28_04
A_28_05 A_28_06 A_28_07 A_28_08
A_28_09 A_28_10 A_28_11 A_28_12
A_28_13 A_28_14 A_28_15 A_28_16
A_28_17 A_28_18 A_28_19 A_28_20

A_28_21 A_28_22 A_28_23 A_28_24
A_28_25 A_28_26 A_28_27 A_28_28
A_28_29 A_28_30 A_28_31 A_28_32
A_28_33 A_28_34 A_28_35 A_28_36
A_28_37 A_28_38 A_28_39 A_28_40

A_28_41
A_28_42
A_28_43
A_28_44
A_28_45
A_28_46
A_28_47
A_28_48
A_28_49
A_28_50
A_28_51
A_28_52
A_28_53
A_28_54
A_28_55
A_28_56
A_28_57
A_28_58
A_28_59
A_28_60

A_28_61

A_28_62

A_28_63

A_28_64

A_28_65

A_28_66

A_28_67

A_28_68

A_28_69

A_28_70

A_28_71

A_28_72

A_28_73

A_28_74

A_28_75

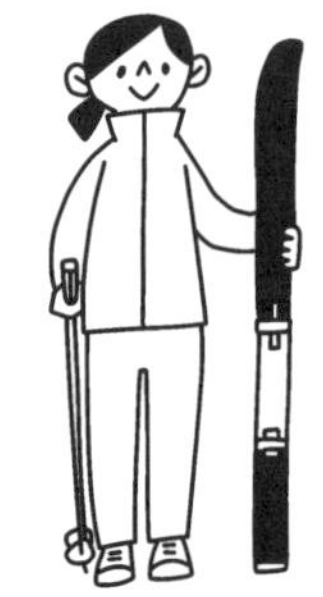

A_28_76

A_28_77

A_28_78

A_28_79

A_28_80

季節・アイコン編

A_29_01 A_29_02 A_29_03 A_29_04
A_29_05 A_29_06 A_29_07 A_29_08
A_29_09 A_29_10 A_29_11 A_29_12
A_29_13 A_29_14 A_29_15 A_29_16
A_29_17 A_29_18 A_29_19 A_29_20

A_29_21
A_29_22
A_29_23
A_29_24
A_29_25
A_29_26
A_29_27
A_29_28
A_29_29
A_29_30
A_29_31
A_29_32
A_29_33
A_29_34
A_29_35
A_29_36
A_29_37
A_29_38
A_29_39
A_29_40

A_30_01 A_30_02 A_30_03 A_30_04

A_30_05 A_30_06 A_30_07 A_30_08

A_30_09 A_30_10 A_30_11 A_30_12

A_30_13 A_30_14 A_30_15 A_30_16

A_30_17 A_30_18 A_30_19 A_30_20

A_30_21
A_30_22
A_30_23
A_30_24
ゲリラ豪雨
A_30_25
A_30_26
A_30_27
A_30_28
A_30_29
A_30_30
A_30_31
涼
A_30_32
A_30_33
成績が
上がりますように
A_30_34
A_30_35
A_30_36
A_30_37
A_30_38
A_30_39
A_30_40

A_31_01 A_31_02 A_31_03 A_31_04
A_31_05 A_31_06 A_31_07 A_31_08
A_31_09 A_31_10 A_31_11 A_31_12
A_31_13 A_31_14 A_31_15 A_31_16
A_31_17 A_31_18 A_31_19 A_31_20

A_31_21 A_31_22 A_31_23 A_31_24
A_31_25 A_31_26 A_31_27 A_31_28
A_31_29 A_31_30 A_31_31 A_31_32
A_31_33 A_31_34 A_31_35 A_31_36
A_31_37 A_31_38 A_31_39 A_31_40

A_32_01 A_32_02 A_32_03 A_32_04
A_32_05 A_32_06 A_32_07 A_32_08
A_32_09 A_32_10 A_32_11 A_32_12
A_32_13 A_32_14 A_32_15 A_32_16
A_32_17 A_32_18 A_32_19 A_32_20

A_32_21

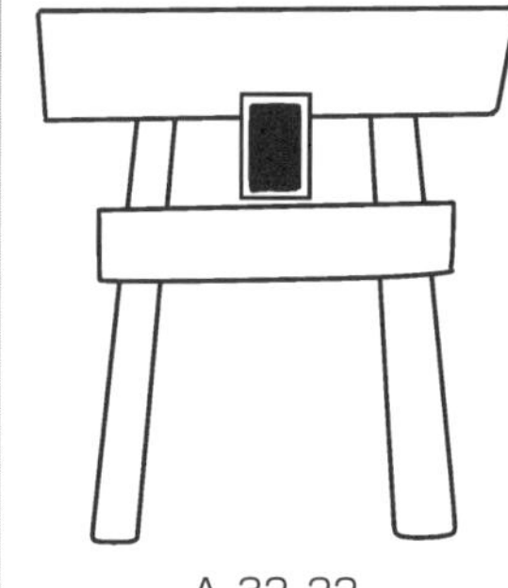
A_32_22

A_32_23

A_32_24

A_32_25

A_32_26

A_32_27

A_32_28

A_32_29

A_32_30

A_32_31

A_32_32

A_32_33

A_32_34

A_32_35

A_32_36

A_32_37

A_32_38

A_32_39

A_32_40

A_33_01

A_33_02

A_33_03

A_33_04

A_33_05

A_33_06

A_33_07

A_33_08

A_33_09

A_33_10

A_33_11

A_33_12

A_33_13

A_33_14

A_33_15

A_33_16

A_33_17

A_33_18

A_33_19

A_33_20

A_33_21

A_33_22

A_33_23

A_33_24

A_34_01
A_34_02
A_34_03
A_34_04
A_34_05
A_34_06
A_34_07
A_34_08
A_34_09
A_34_10
A_34_11
A_34_12
A_34_13
A_34_14
A_34_15
A_34_16
A_34_17
A_34_18
A_34_19
A_34_20
A_34_21
A_34_22
A_34_23
A_34_24

A_35_01

A_35_02

A_35_03

A_35_04

A_35_05

A_35_06

A_35_07

A_35_08

A_35_09

A_35_10

A_35_11

A_35_12

A_35_13

A_35_14

A_35_15

A_35_16

A_35_17

A_35_18

A_35_19

A_35_20

A_35_21

A_35_22

A_35_23

A_35_24

A_35_25

A_35_26

A_35_27

A_35_28

A_35_29

A_35_30

A_35_31

A_35_32

A_35_33

A_35_34

A_35_35

A_35_36

A_35_37

A_35_38

A_35_39

A_35_40

A_36_01
A_36_02
A_36_03
A_36_04
A_36_05
A_36_06
A_36_07
A_36_08
A_36_09
A_36_10
A_36_11
A_36_12
A_36_13
A_36_14
A_36_15
A_36_16
A_36_17
A_36_18
A_36_19
A_36_20
A_36_21
A_36_22
A_36_23
A_36_24
A_36_25
A_36_26
A_36_27
A_36_28
A_36_29
A_36_30
A_36_31
A_36_32
A_36_33
A_36_34
A_36_35
A_36_36
A_36_37
A_36_38
A_36_39
A_36_40
Note
A_36_41
A_36_42
A_36_43
A_36_44
A_36_45
A_36_46
A_36_47
A_36_48
A_36_49
A_36_50
A_36_51
one
A_36_52
A_36_53
A_36_54
A_36_55
A_36_56
A_36_57
A_36_58
A_36_59
A_36_60
A_36_61
A_36_62
A_36_63
オレンジ
A_36_64
A_36_65
A_36_66
A_36_67
A_36_68
A_36_69
1
2
3
4
5
A_36_70
12
9
3
6
A_36_71
12
9
3
6
A_36_72

キンコン
カーンコーン
A_36_73
A_36_74
A_36_75
A_36_76
A_36_77
ABC
A_36_78
A_36_79
A_36_80
A_36_81
A_36_82
王
将
A_36_83
A_36_84
A_36_85
1000
10000
A_36_86
A_36_87
A_36_88
A_36_89
A_36_90
A_36_91
A_36_92
A_36_93
A_36_94
basket
A_36_95
volley
A_36_96
A_36_97
A_36_98
A_36_99
A_36_100
A_36_101
A_36_102
A_36_103
A_36_104
A_36_105
A_36_106
A_36_107
A_36_108
A_36_109
A_36_110
A_36_111
A_36_112
A_36_113
A_36_114
A_36_115
A_36_116
A_36_117
A_36_118
A_36_119
A_36_120
A_36_121
A_36_122
A_36_123
A_36_124
A_36_125
A_36_126
A_36_127
A_36_128
A_36_129
A_36_130
A_36_131
A_36_132
A_36_133
A_36_134
A_36_135
A_36_136
A_36_137
A_36_138
A_36_139
A_36_140
A_36_141
A_36_142
A_36_143
GUM
A_36_144

日本
A_37_01

大韓民国
A_37_02

中華人民共和国
A_37_03

タイ王国
A_37_04

インド
A_37_05

アメリカ合衆国
A_37_06

カナダ
A_37_07

オーストラリア
A_37_08

イギリス
A_37_09

フランス
A_37_10

イタリア
A_37_11

ドイツ
A_37_12

スペイン
A_37_13

ロシア
A_37_14

オランダ
A_37_15

ギリシャ共和国
A_37_16

アラブ首長国連邦
A_37_17

エジプト
A_37_18

ブラジル連邦共和国
A_37_19

A_37_20

A_38_01

A_38_02

A_38_03

A_38_04

A_38_05

A_38_06

A_38_07

A_38_08

A_38_09

A_38_10

A_38_11

A_38_12

A_38_13

A_38_14

A_38_15

A_38_16

A_38_17

A_38_18

A_38_19

A_38_20

A_38_21

A_38_22

A_38_23

A_38_24

A_38_25

A_38_26

A_38_27

A_38_28

A_38_29

A_38_30

A_38_31

A_38_32

A_38_33

A_38_34

A_38_35

A_38_36

A_38_37

A_38_38

A_38_39

A_38_40

A_38_41

A_38_42

A_38_43

A_38_44

A_38_45

A_38_46

A_38_47

〈日本の都道府県のモチーフ〉

北海道	クラーク博士、鮭と熊、アイスクリームと狐、ラベンダー畑
青森	リンゴと遮光器土偶を持つ太宰治風のねぶた
岩手	チャグチャグ馬コの民芸品、宮沢賢治
宮城	七夕の笹を持つ伊達正宗
秋田	ナマハゲ、秋田犬、豊作の田んぼ
山形	花笠音頭、さくらんぼ
福島	野口英世、赤べこ、桃、煙があがる鶴ヶ城
茨城	水戸黄門、JAXA、偕楽園の梅
栃木	日光東照宮、眠り猫、華厳の滝
群馬	富岡製糸場、女工、生糸、萩原朔太郎
埼玉	渋沢栄一、川越時の鐘
千葉	落花生、飛行機、伊能忠敬、花畑
東京	東京タワー、都庁、新幹線、浅草寺
神奈川	ペリー、みなとみらい、鎌倉の大仏
新潟	トキ、スキーをする上杉謙信、豊作の田んぼ
富山	越中おわら、高岡御車山祭、チューリップ
石川	前田利家、兼六園
福井	恐竜、ずわいがに、メガネ、東尋坊
山梨	武田信玄、もも、りんご、富士山、白馬
長野	牛に弾かれて善光寺、果物、日本アルプス
岐阜	白川郷合掌造り、関ヶ原の闘い
静岡	茶摘み、オートバイ、楽器、サッカー、富士山
愛知	三英傑（徳川家康、織田信長、豊臣秀吉）、うぐいす、自動車

三重	熊野古道、伊勢神宮
滋賀	石田光成、彦根城、信楽焼き
京都	金閣寺、舞妓さん、大文字焼き
奈良	鹿、大仏、修験僧、吉野山
大阪	前方後円墳、豊臣秀吉、大阪城
兵庫	姫路城、タコ、手塚治虫、日本標準時、瀬戸内海
和歌山	高野山、空海、柿、梅干し、みかん
鳥取	ナシ、古事記の人、因幡の白兎、鳥取砂丘
島根	石見銀山、出雲大社、神様、小泉八雲
岡山	吉備真備、犬養毅、桃太郎、人見絹江、後楽園
広島	毛利元就、原爆ドーム、厳島神社、自動車
山口	中原中也、壇ノ浦扇の的、金子みすず、木戸孝允、伊藤博文、吉田松陰
徳島	海亀の産卵、阿波踊り、鳴門のうず巻き
香川	キウイ、讃岐うどん、金毘羅山
愛媛	松山城、夏目漱石、正岡子規、みかん、瀬戸内海
高知	坂本竜馬、鰹
宮崎	古代の人、高千穂峡、マンゴー
福岡	梅、宗像大社、菅原道真
佐賀	吉野ヶ里遺跡柄の有田焼
長崎	大浦天主堂、平和祈念像、南蛮人
熊本	加藤清正（虎退治）、阿蘇山
大分	石仏、福沢諭吉、温泉
鹿児島	大久保利通、西郷隆盛、桜島
沖縄	シーサー、守礼門、背の低い家、太陽

A_39_01	A_39_07
A_39_02	A_39_08
A_39_03	A_39_09
A_39_04	A_39_10
A_39_05	A_39_11
A_39_06	A_39_12

A_39_13	A_39_14	A_39_15	A_39_16	A_39_17	A_39_18	A_39_19	A_39_20

見出し・吹き出し・ポスター編

A_40_01

A_40_02

A_40_03

A_40_04

A_40_05

A_40_06

A_40_07

A_40_08

A_40_09

A_40_10

A_40_11

A_40_12

A_40_13

A_40_14

A_40_15

A_40_16

A_40_17

A_40_18

A_40_19

A_40_20

A_40_21

A_40_22

A_40_23

A_40_24

A_41_01
A_41_02
A_41_03
A_41_04
A_41_05
A_41_06
A_41_07
A_41_08
A_41_09
A_41_10
A_41_11
A_41_12
A_41_13
A_41_14
A_41_15
A_41_16
A_41_17
A_41_18
A_41_19
A_41_20
A_41_21
A_41_22
A_41_23
A_41_24
A_41_25
A_41_26
A_41_27
A_41_28
A_41_29
A_41_30
A_41_31
A_41_32

A_42_01
A_42_02
A_42_03
A_42_04
A_42_05
A_42_06
A_42_07
A_42_08
A_42_09
A_42_10
A_42_11
A_42_12
A_42_13
A_42_14
A_42_15
保護者の方へ
A_42_16
保護者の方へ
A_42_17
保護者の方へ
A_42_18
HAPPY
BIRTHDAY
A_42_19
から
A_42_20

から
A_42_21
から
A_42_22
今日の一句
A_42_23
おしらせ
A_42_24
おしらせ
A_42_25
ひとこと
A_42_26
連絡
A_42_27
より
A_42_28
より
A_42_29
より
A_42_30
感謝
A_42_31
BEST3
A_42_32
れんらく
A_42_33
A_42_34
A_42_35
おしらせ
A_42_36
A_42_37
A_42_38
テスト
A_42_39
A_42_40

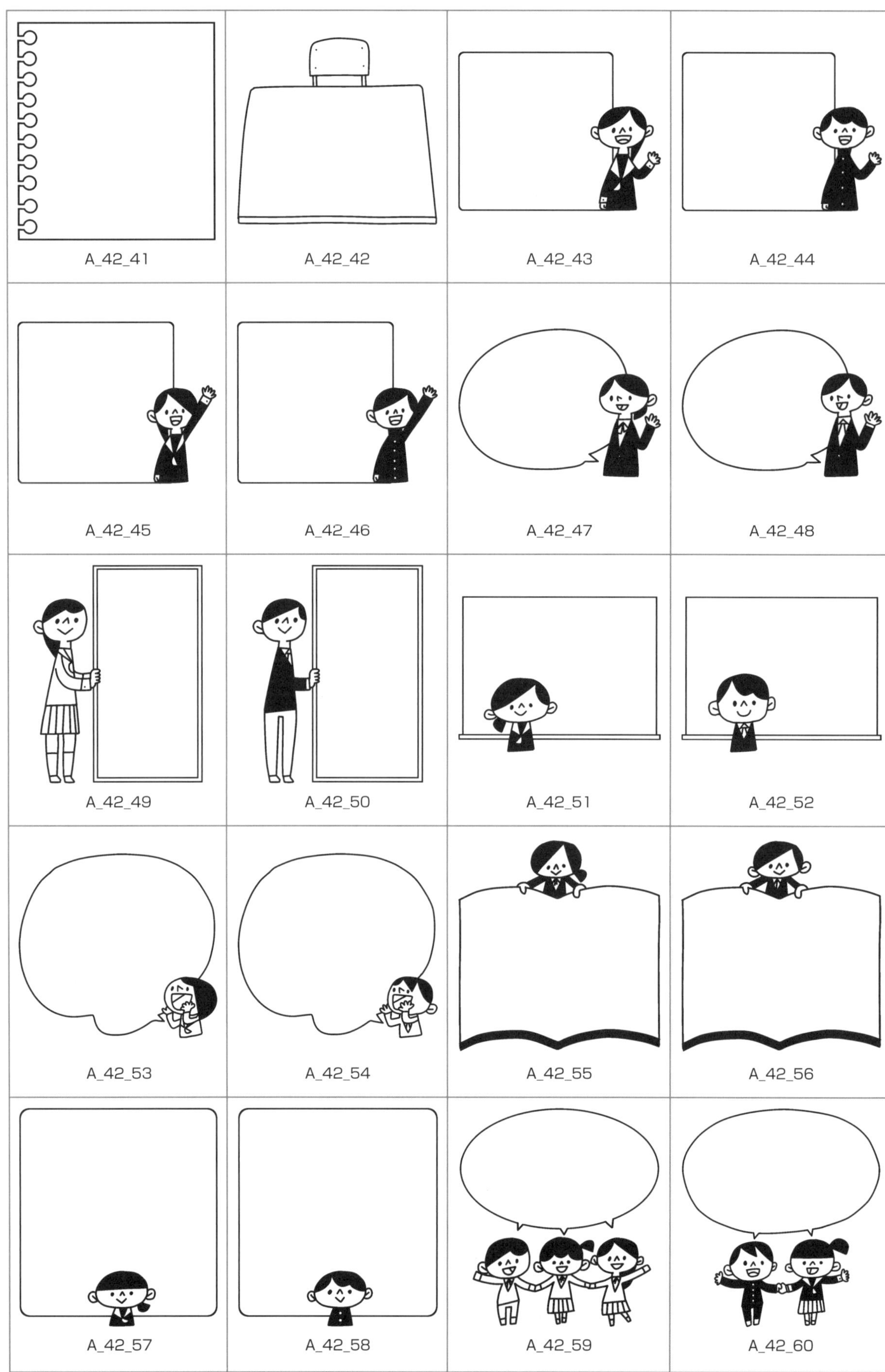
A_42_41
A_42_42
A_42_43
A_42_44
A_42_45
A_42_46
A_42_47
A_42_48
A_42_49
A_42_50
A_42_51
A_42_52
A_42_53
A_42_54
A_42_55
A_42_56
A_42_57
A_42_58
A_42_59
A_42_60

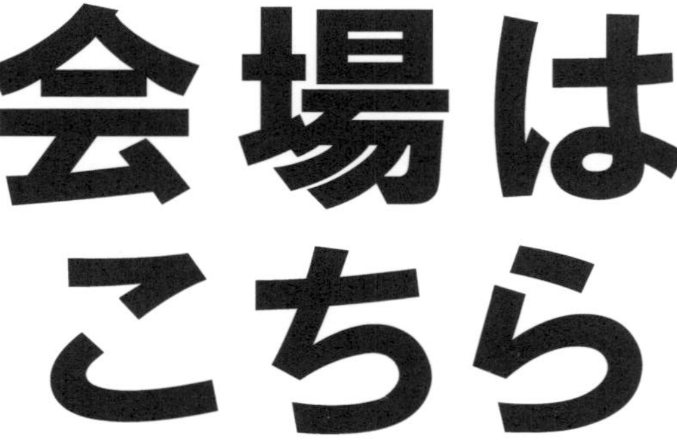

A_43_01

こちらから
お並び下さい

A_43_02

A_43_04

A_43_03

ご自由に
おとりください。

A_43_05

一部ずつ
おとりください。

A_43_06

A_43_08

お手洗

A_43_07

A_43_10

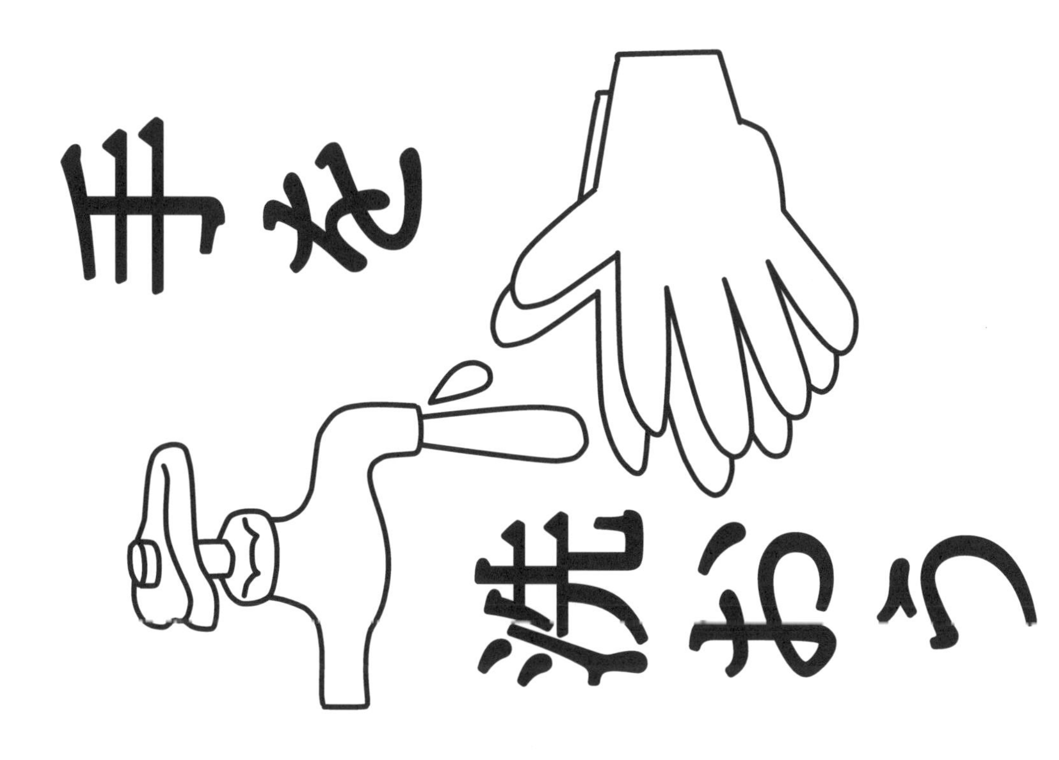

A_43_09

保護者席

A_43_11

携帯電話は
電源を切るか
マナーモードに
設定してください

A_43_12

A_43_14

A_43_13

ポスター⑧

A_43_16

土足厳禁

A_43_15

A_43_18

立入禁止

A_43_17

A_43_19

A_43_20

使い方解説編

付属CD-ROMについて

付属のCD-ROMには、
本書のすべてのイラストデータの【カラー版】と【モノクロ版】が入っています。

データ形式について

本書の付属CD-ROMには、3ページから75ページに掲載されているすべてのイラストのpng形式データが収録されています。pngデータはjpgと同じように扱うことができる画像の形式で、背景にある文字やイラストを隠さない点が便利です。

イラストの大きさについて

CD-ROMに収録しているイラストは、本書紙面に掲載されている程度の大きさで文書に使用することをイメージしていますが、2倍くらいまでの大きさまでは問題なく使用いただけます。※お使いのソフトウェアの設定やプリントの性能により異なります。

インストールは不要

CD-ROMにインストーラーは入っていませんので、インストールなどの作業は要求されません。CD-ROMを挿入し、DVDドライブからフォルダを開いて中身をご覧いただけます。

CD-ROMのフォルダについて

フォルダの構成は次のようになっています。

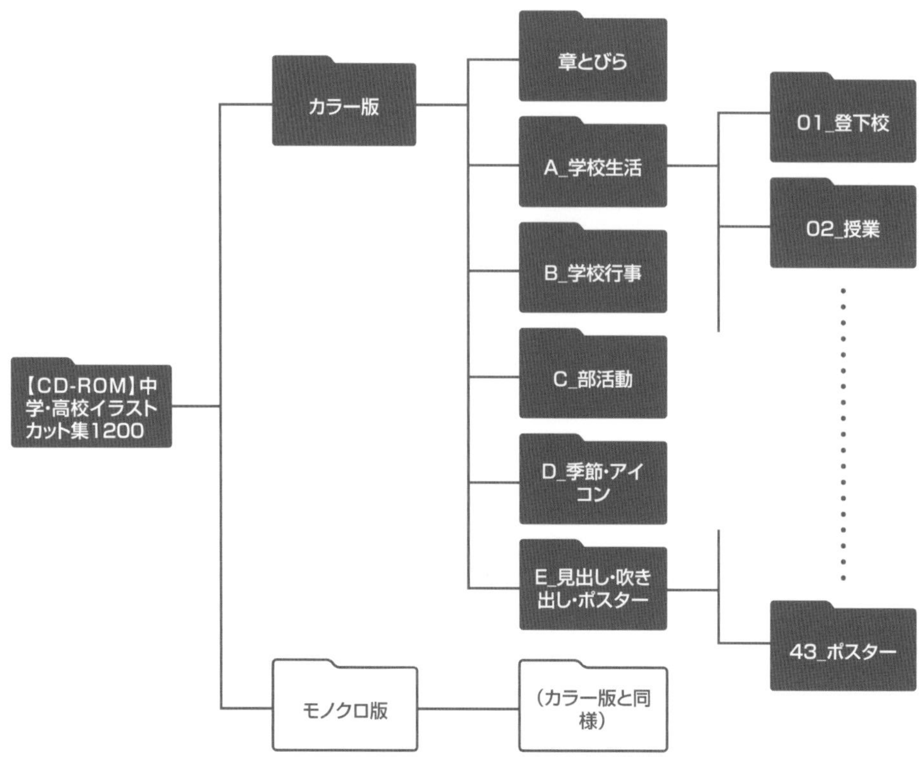

画像の配置の仕方

MicrosoftWordでイラストを配置する方法

※ここではWindows10にインストールしたWord2013を例に説明しています。
※あらかじめCD-ROMをパソコンにセットしておきます。

❶Wordを立ち上げて、イラストを挿入したい文書を開きます（または新しい文書を作成します）。

❷［**挿入**］タブ→［**画像**］→［**このデバイス…**］の順にクリックします。（図1）

❸［**図の挿入**］ダイアログが出てきたら［**PC**］をクリックして、セットしておいたCD-ROMをダブルクリックします。（図2）

❹CD-ROMの一番最初のフォルダが表示されるので、クリックしていきながら使いたいイラストを探します。

❺イラストが見つかったら、そのアイコンをダブルクリックすると、文書にイラストが挿入されます。

図1

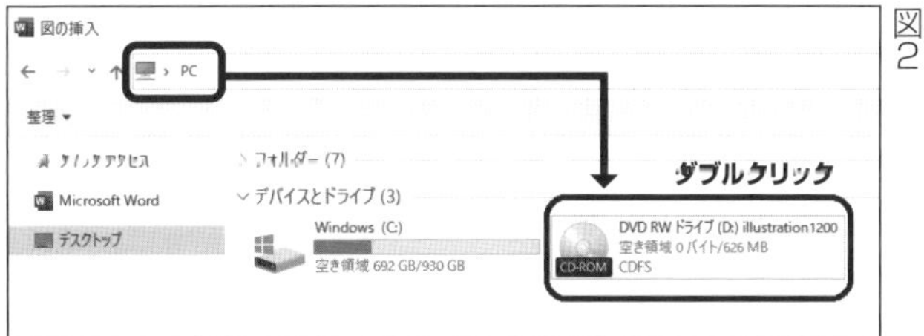

図2

ワンポイント

イラストを自由に動かしたいとき

挿入したイラストの上で右クリックをしてメニューを出し、［**文字列の折り返し**］を選びます。
［**前面**］を選択し、［**ページ上で位置を固定する**］にチェックを入れます。（図3）

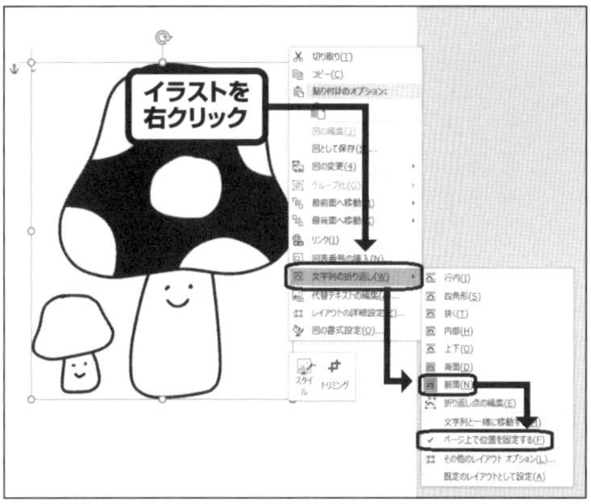

図3

きれいな画質でイラストを入れたいとき

あらかじめ次のような設定をすると、元の画質を保ったままで画像を挿入します。
［**ファイル**］タブ→［**オプション**］→［**詳細設定**］の順にクリック。［**イメージのサイズと画質**］内にある「**ファイル内のイメージを圧縮しない**」にチェックを入れます。（図4）

図4

＊Microsoft、Word、Windows10は、Microsoft Corporationの米国及びその他の国における商標または登録商標です。

イラストカット
活用通信

わくわく

イラストカット集編集部作成

気になるQ&A編

新しくなった『中学・高校イラストカット集1200』では、すべてのイラストを全面的にリニューアルし、CD-ROMにはモノクロデータだけでなくカラーデータも収録されています。

この通信では、リニューアルに伴い変わった点や、使い方で編集部によく問い合わせがある質問をQ&A形式でご紹介します！

Q 前のカット集と比べて、何が変わったの？

A すべてのイラストのカラー版が加わりました。

それ以外にも…

まず、大きな変更点としては、モノクロデータだけでなく、全イラストのカラーデータがCD-ROMに収録されたという点です。

次に、イラストの内容です。新版では、旧版で男子だったイラストを女子にしたり、向きや制服を変えたりするなど、同じテーマでも少しずつ変えています。

また、時代に合わせて「**ICT**」の項目や「**感染症予防**」などのイラストを大幅に増やしました。

（例）図書のイラスト
上：新版　下：旧版

Q ホームページで使ってもいいですか？

A 学校などの教育機関や非営利団体であればOKです。

本書のイラストは、主に中学・高校で活用していただくことを目的に作成しています。私立・公立を問わず、通信・チラシ・ポスター他、学校のホームページや動画配信などで使用することは問題ありません。

また、教育委員会や教育関係のNPOなど、営利を目的としない団体であれば、学校と同じようにお使いいただくことができます。

ただし、SNSなどのアイコンやロゴマークのように、**「象徴」として使うことはご遠慮ください。**

Q イベントのチラシやパンフレットで使ってもいいですか?

A 学校などの教育機関や非営利団体であればOKです。

教育活動を目的としたイベント（文化祭や読書会など）であれば参加費が多少かかる場合でもOKですが、**営利を目的としたイベントでのご利用はご遠慮ください。**

Q 色を変えてもいいですか?

A 作品のイメージを損ねない範囲での変更はOKです。

色にも著作権があるので、全体的に変えるような加工はあまり望ましくありませんが、例えば、制服の**リボンやネクタイの色を変える程度の変更は問題ありません。**

Q グッズにイラストを使ってもいいですか?

A 学事出版のホームページからお問い合わせください。

本書に収録しているイラストは、学校内での通信・チラシ・ポスター、ホームページなどの媒体で使うことを想定して制作しています。

学校や営利を目的としない場合でも、**上記以外のものにプリントして配るような場合は、個別にご相談ください**（目的や配布数によっては有料になります）。

著者プロフィール

イクタケマコト

福岡県宮若市出身。横浜市在住。７年間の教師生活の後、イラストレーターとして活動。
教科書や広告などのイラストを手がける。

【主な仕事】
『数学の世界』『たのしいせいかつ』『たのしいほけん』（大日本図書）、『小学生のいきかた発見ブック』（実業之日本社）、『SUNSHINE』（開隆堂）、『職業人なりきりカード』（学事出版）、『10分で読める伝記』（学研プラス）ほか、教科書、教材等。

【著書】
『まいにち哲学カレンダー』（学事出版）、『主夫３年生』（彩図社）、『カンタンかわいい小学校テンプレート＆イラスト』『小学校 学級経営 いろいろテンプレート』『子どもがワクワク喜ぶ！小学校 教室グッズ＆テンプレート』『カンタンかわいい！子どもが喜ぶ保育のイラストカード＆ポスター』『オンラインでも役立つ！ 小学校ワークシート＆テンプレート』（以上、学陽書房）、『としょかん町のバス』（少年写真新聞社）ほか。

ホームページ　http://ikutake.wixsite.com/makoto-ikutake
MAIL　neikonn@yahoo.co.jp

イラストデータのご利用について

CD-ROM 付　カラー版 中学・高校イラストカット集1200

2021年６月９日　初版第１刷

著　者　イクタケマコト
発行者　花岡萬之
発行所　学事出版株式会社
〒101-0021　東京都千代田区外神田2-2-3
電話　03-3255-5471（代表）　https://www.gakuji.co.jp（お問い合わせフォームがあります）

編集担当　戸田幸子　装丁・デザイン　細川理恵
印刷・製本　電算印刷株式会社

ISBN978-4-7619-2716-5 C3037